Impressum
Verlag: BABADADA GmbH, Nedderfeld 112 , 22529 Hamburg
Geschäftsführer / Verlagsleitung: Harald Hof
Druck: Books on Demand GmbH, In de Tarpen 42, 22848 Norderstedt

Imprint
Publisher: BABADADA GmbH, Nedderfeld 112 , 22529 Hamburg, Germany
Managing Director / Publishing direction: Harald Hof
Print: Books on Demand GmbH, In de Tarpen 42, 22848 Norderstedt, Germany

skola

училище

klassrum
класна стая

dividera
деление

$186/2$

tavla
черна дъска

skolgård
училищен двор

lärare
учител

papper
хартия

penna
химикал

skrivbord
бюро

skriva
пиша

linjal
линеал

bok
книга

elev
ученик

skolväska

ученическа раница

pennfodral

ученически несесер

blyertspenna

молив

pennvässare

острилка за моливи

suddgummi

гума

ritblock

блок за рисуване

teckning

рисунка

pensel

четка

målarlåda

акварелни бои

sax

ножица

lim

лепило

övningsbok

тетрадка за упражнения

hemläxa

домашна работа

tal

число

addera

събиране

subtrahera

изваждане

multiplicera

умножение

räkna

смятане

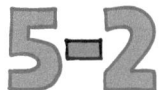

bokstav

буква

alfabet

азбука

ord

дума

text

текст

läsa

чета

krita

тебешир

lektion

час

register

дневник на класа

prov

изпит

intyg

свидетелство

skoluniform

ученическа униформа

utbildning

образование

uppslagsverk

справочник

universitet

университет

mikroskop

микроскоп

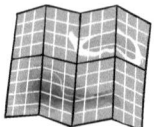

karta

карта

papperskorg

кошче за хартиени
отпадъци

skola - училище

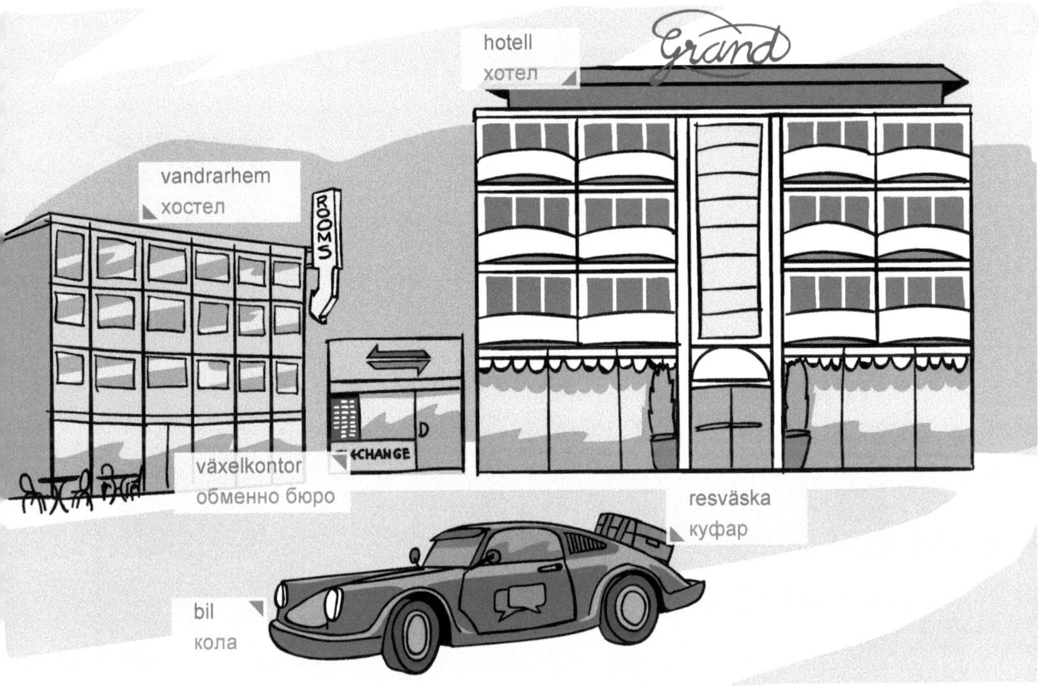

hotell
хотел
Grand
vandrarhem
хостел
ROOMS
växelkontor
обменно бюро
CHANGE
resväska
куфар
bil
кола

språk
език

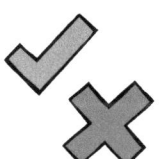

ja / nej
да / не

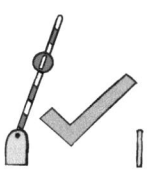

Okay
Окей

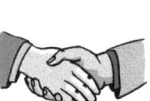

hej
здравей

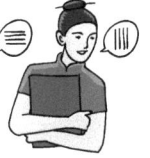

översättare
преводач

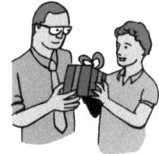

Tack
Благодаря

hur mycket kostar...?

Колко струва...?

jag förstår inte

Не разбирам

problem

проблем

God kväll!

Добър вечер!

God morgon!

Добро утро!

God natt!

Лека нощ!

hejdå

довиждане

riktning

посока

bagage

багаж

väska

пътна чанта

ryggsäck

раница

gäst

посетител

rum

стая

sovsäck

спален чувал

tält

палатка

turistinformation

туристическа информация

strand

плаж

kreditkort

кредитна карта

frukost

закуска

lunch

обед

middag

вечеря

biljett

билет

hiss

асансьор

frimärke

пощенска марка

gräns

граница

tull

митница

ambassad

посолство

visum

виза

pass

паспорт

resa - пътуване

transport

транспорт

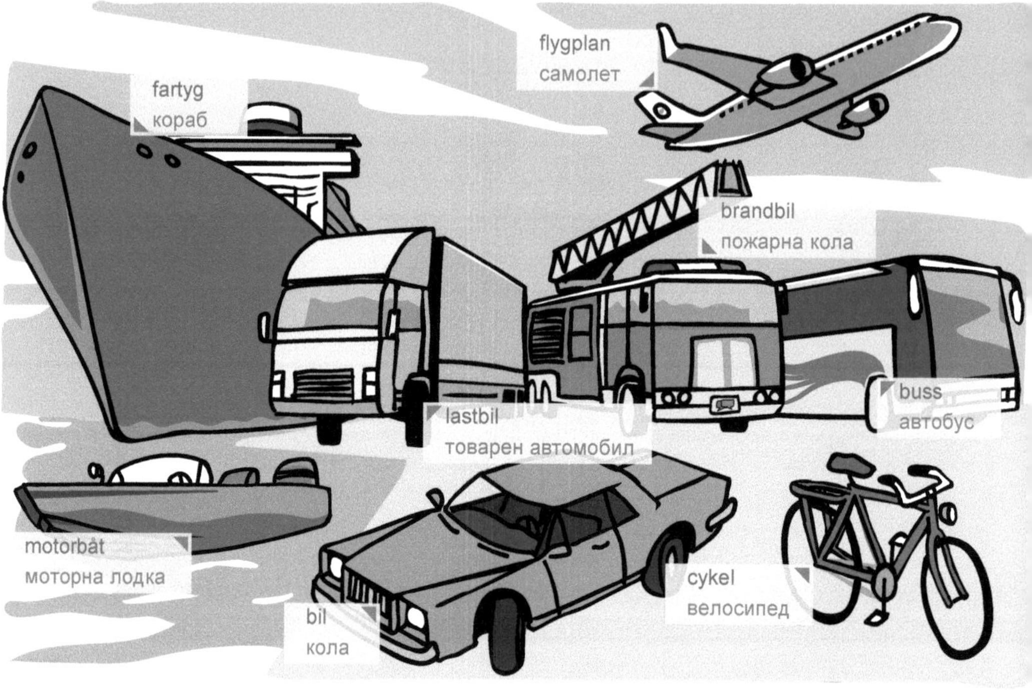

flygplan
самолет
fartyg
кораб
brandbil
пожарна кола
buss
автобус
lastbil
товарен автомобил
motorbåt
моторна лодка
cykel
велосипед
bil
кола

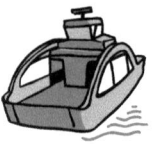

färja

ферибот

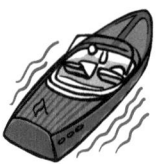

båt

лодка

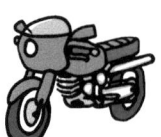

motorcykel

мотоциклет

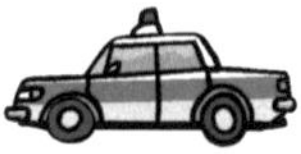

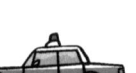

polisbil

полицейска кола

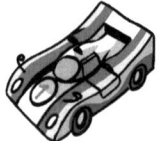

racerbil

състезателна кола

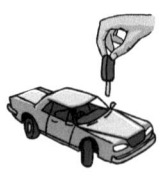

hyrbil

кола под наем

bilpool

каршеринг

bärgningsbil

автомобил от "Пътна помощ"

sopbil

сметовоз

motor

двигател

bränsle

бензин

bensinstation

бензиностанция

vägmärke

пътен знак

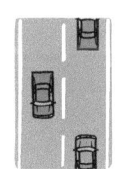

trafik

улично движение

bilkö

задръстване

parkeringsplats

паркинг

tågstation

гара

räls

релси

tåg

влак

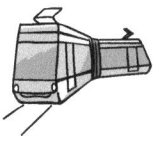

spårvagn

трамвай

vagn

вагон

helikopter

хеликоптер

flygplats

аерогара

torn

кула

passagerare

пасажер

container

контейнер

kartong

кашон

vagn

ръчна количка

korg

кошница

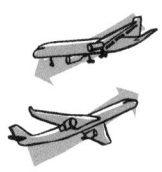

starta / landa

излитам / приземявам се

stad

град

by

село

centrum

градски център

hus

къща

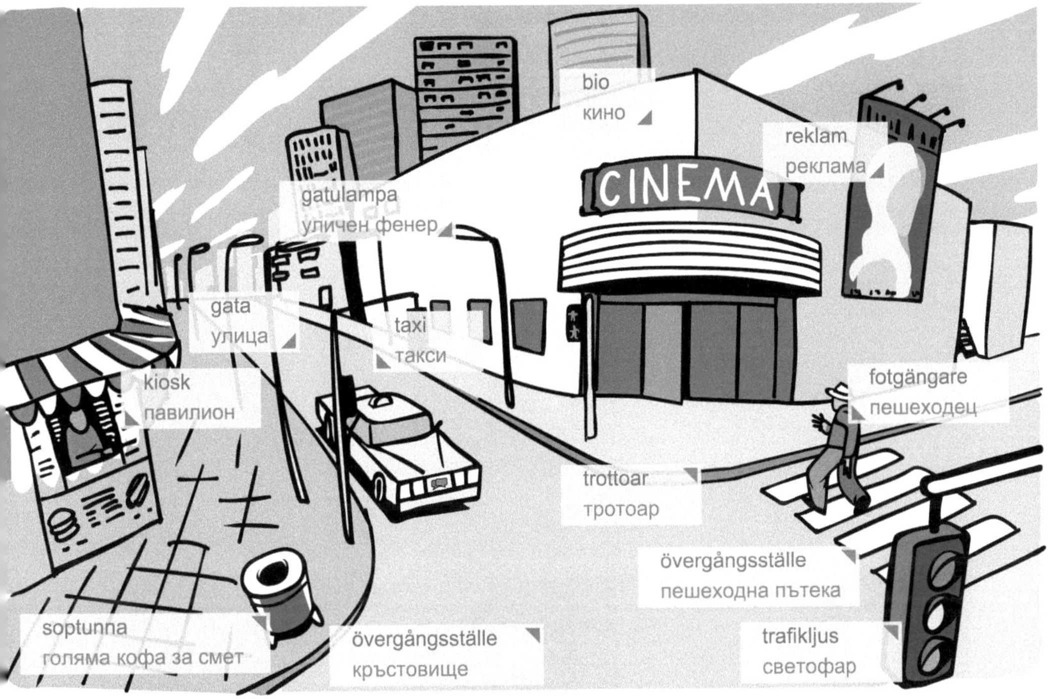

bio
кино

reklam
реклама

gatulampa
уличен фенер

gata
улица

taxi
такси

kiosk
павилион

fotgängare
пешеходец

trottoar
тротоар

övergångsställe
пешеходна пътека

soptunna
голяма кофа за смет

övergångsställe
кръстовище

trafikljus
светофар

stuga

хижа

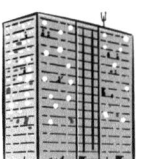

lägenhet

жилище

tågstation

гара

stadshus

кметство

museum

музей

skola

училище

stad - град

universitet

университет

bank

банка

sjukhus

болница

hotell

хотел

apotek

аптека

kontor

офис

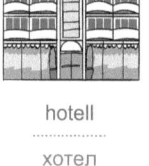

bokhandel

книжарница

affär

магазин за цветя

blomsterbutik

магазин за цветя

stormarknad

супермаркет

marknad

пазар

varuhus

универсален магазин

fiskhandlare

търговец на риба

köpcentrum

търговски център

hamn

пристанище

park

парк

bänk

пейка

brygga

мост

trappa

стълба

tunnelbana

метро

tunnel

тунел

busshållplats

автобусна спирка

bar

бар

restaurang

ресторант

brevlåda

пощенска кутия

gatuskylt

улична табелка

parkeringsautomat

часовник за паркинг
престой

zoo

зоологическа градина

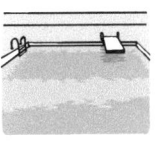

simbassäng

плувен басейн

moské

джамия

bondgård

селски двор

förorening

замърсяване на околната
среда

kyrkogård

гробище

kyrka

църква

lekplats

детска площадка

tempel

храм

landskap
пейзаж

löv
листо

vägskylt
пътепоказател

väg
път

äng
ливада

sten
камък

liftare
пътешественик

träd
дърво

flod
река

gräs
трева

blomma
цвете

dal

долина

kulle

планина

sjö

море

skog

гора

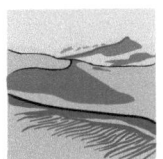

öken

пустиня

vulkan

вулкан

slott

замък

regnbåge

дъга

svamp

гъба

palm

палма

mygga

комар

fluga

муха

myra

мравка

bi

пчела

spindel

паяк

skalbagge

бръмбар

groda

жаба

ekorre

катеричка

igelkott

таралеж

hare

заек

uggla

кукумявка

fågel

птица

svan

лебед

vildsvin

диво прасе

rådjur

елен

älg

лос

damm

бент

vindkraftverk

вятърна турбина

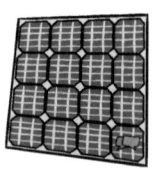

solcellspanel

соларен модул

klimat

климат

restaurang
ресторант

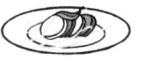

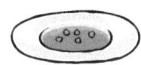

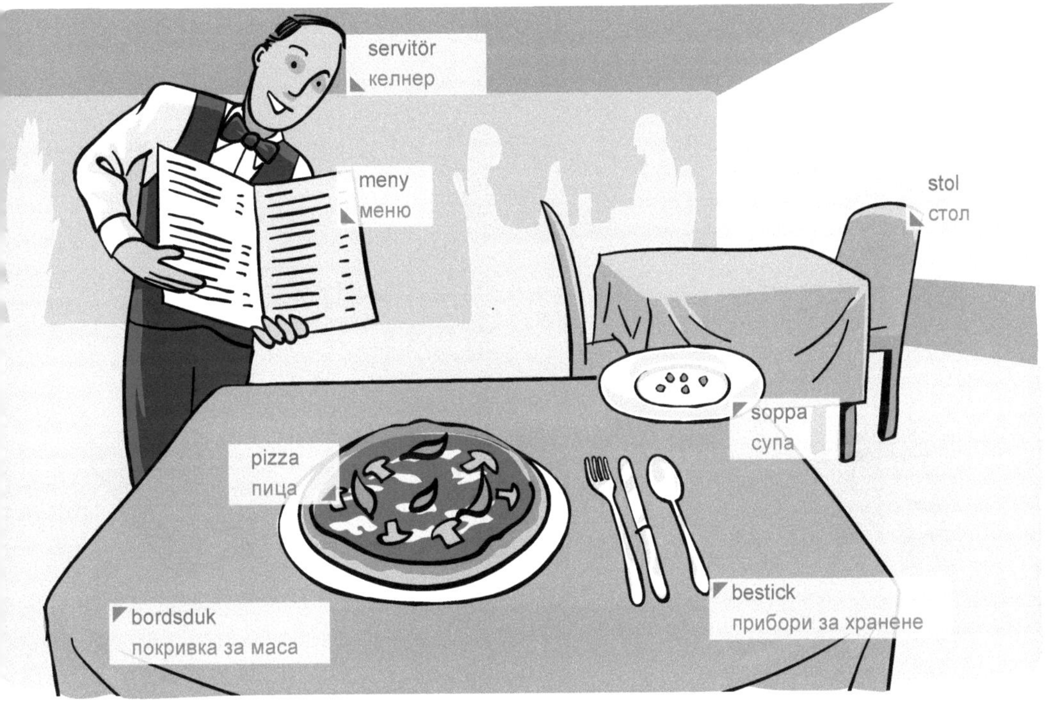
servitör
келнер
meny
меню
stol
стол
soppa
супа
pizza
пица
bestick
прибори за хранене
bordsduk
покривка за маса

förrätt

предястие

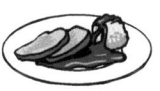

huvudrätt

основно ястие

dessert

десерт

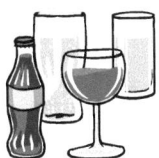

drycker

напитки

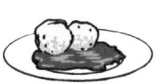

mat

ядене

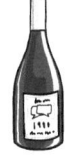

flaska

бутилка

snabbmat

бързо хранене

street food

улична храна

tekanna

кана за чай

sockerskål

кутия за захар

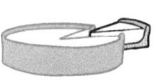

portion

порция

espressomaskin

еспресо машина

barnstol

висок детски стол

räkning

сметка

bricka

табла

kniv

ножица за нокти

gaffel

вилица

sked

лъжица

tesked

чаена лъжичка

servett

салфетка

glas

стъклена чаша

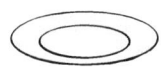

tallrik

чиния

sopptallrik

чиния за супа

tefat

чинийка

sås

сос

saltkar

солница

pepparkvarn

мелничка за черен пипер

vinäger

оцет

olja

олио

kryddor

подправки

ketchup

кетчуп

senap

горчица

majonnäs

майонеза

stormarknad
супермаркет

specialerbjudande
оферта
FOR
kund
клиент
mejeriprodukter
млечни продукти
frukt
плодове
varukorg
количка за покупки

BUTCHERS

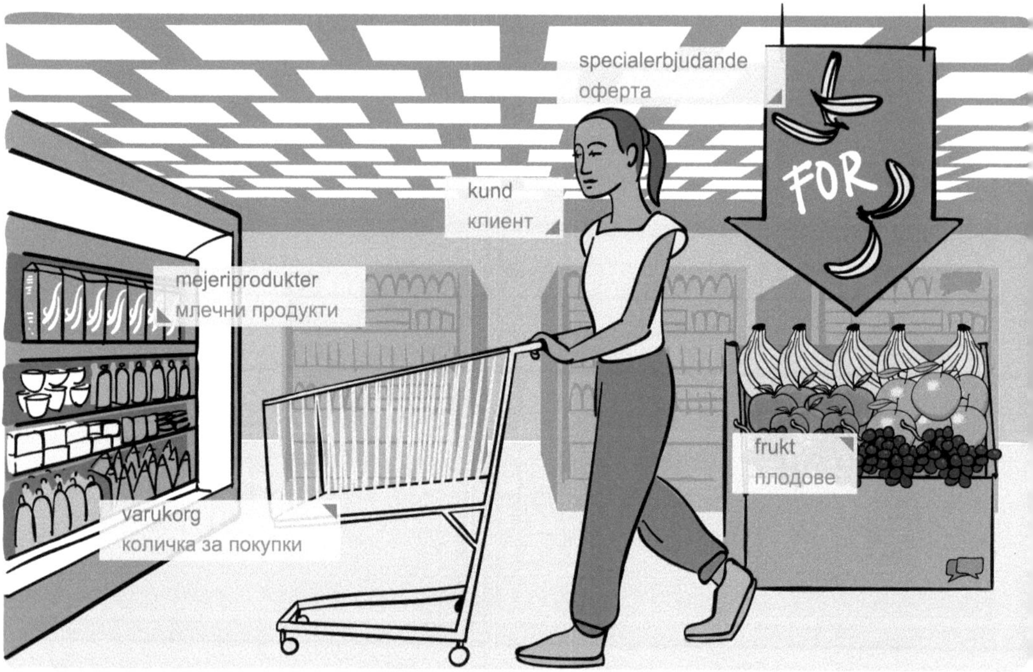

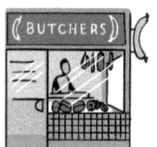

charkuteri

кланица

BAKERY

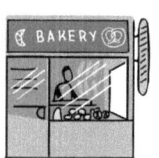

bageri

хлебарница

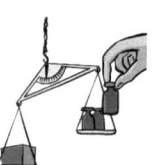

väga

тегля

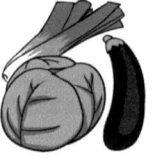

grönsaker

зеленчуци

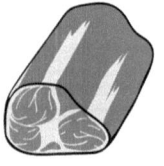

kött

месо

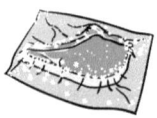

frysta livsmedel

дълбоко замразена храна

pålägg

нарязан колбас или сирене

konserver

консерви

tvättmedel

перилен препарат

godis

лакомства

hushållsprodukter

домакински изделия

rengöringsmedel

почистващи препарати

försäljare

продавачка

kassa

каса

kassör

касиер

inköpslista

списък на покупките

öppettider

работно време

plånbok

портфейл

kreditkort

кредитна карта

väska

чанта

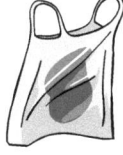

plastpåse

пластмасова торба

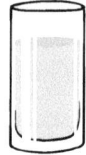

vatten

вода

juice

сок

mjölk

мляко

cola

кола

vin

вино

öl

бира

alkohol

алкохол

kakao

какао

te

чай

kaffe

кафе машина

espresso

еспресо

cappuccino

капучино

banan

банан

äpple

ябълка

apelsin

портокал

melon

пъпеш

citron

лимон

morot

морков

vitlök

чесън

bambu

бамбук

lök

лук

svamp

гъба

nötter

ядки

nudlar

макарони

spaghetti

спагети

ris

ориз

sallad

салата

pommes frites

пържени картофи

stekt potatis

печени картофи

pizza

пица

hamburgare

хамбургер

smörgås

сандвич

schnitzel

шницел

skinka

шунка

salami

траен колбас

korv

салам

kyckling

пиле

stek

печено

fisk

риба

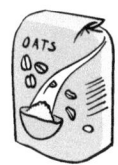

havregryn

овесени ядки

müsli

мюсли

cornflakes

корнфлейкс

mjöl

брашно

croissant

кроасан

fralla

хлебчета

bröd

хляб

rostat bröd

препечена филийка

kex

бисквити

smör

масло

kvarg

извара

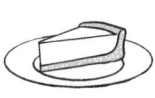

kaka

сладкиш

ägg

яйце

stekt ägg

яйца на очи

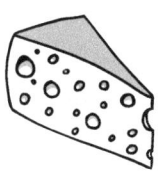

ost

сирене

glass

сладолед

socker

захар

honung

мед

sylt

мармалад

nougatkräm

нуга крем

curry

къри

bondgård

селски двор

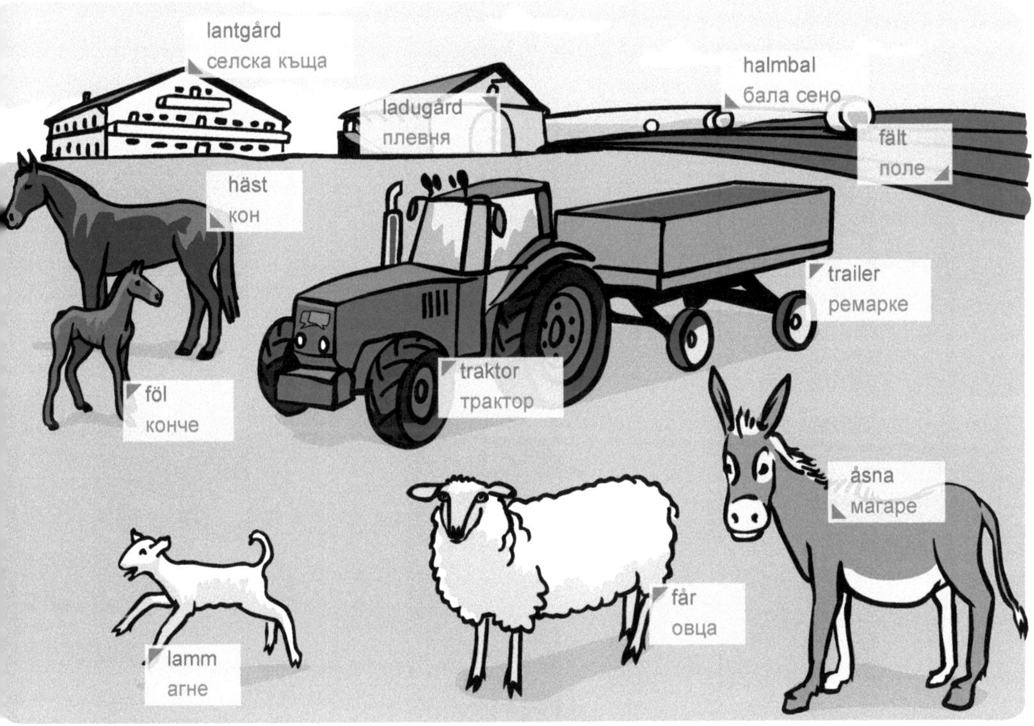

lantgård
селска къща
halmbal
бала сено
ladugård
плевня
fält
поле
häst
кон
trailer
ремарке
traktor
трактор
föl
конче
åsna
магаре
får
овца
lamm
агне

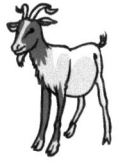

get

коза

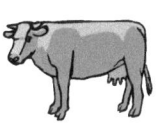

ko

крава

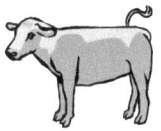

kalv

теле

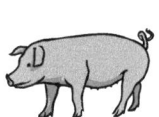

gris

свиня

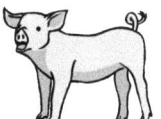

griskulting

прасенце

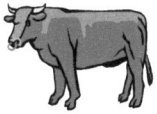

tjur

бик

gås

гъска

anka

патица

kyckling

пиленце

höna

кокошка

tupp

петел

råtta

плъх

katt

котка

mus

мишка

oxe

вол

hund

куче

hundkoja

кучешка колиба

trädgårdsslang

градински маркуч

vattenkanna

лейка

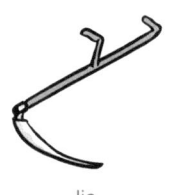

lie

коса

plog

плуг

bondgård - селски двор

skära

сърп

hacka

мотика

högaffel

вила за тор

yxa

брадва

skottkärra

ръчна количка

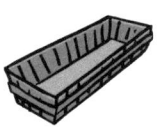

tråg

корито

mjölkflaska

съд за мляко

säck

чувал

staket

ограда

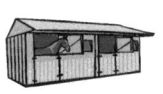

stall

обор

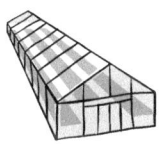

växthus

парник

jord

земя

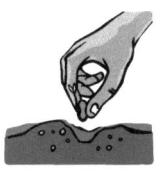

säd

сеитба

gödsel

тор

skördetröska

комбайн

skörda

жъна

skörd

реколта

jams

ямс

vete

жито

soja

соя

potatis

картоф

majs

царевица

raps

рапица

fruktträd

овощно дърво

maniok

маниока

spannmål

зърнени храни

hus
къща

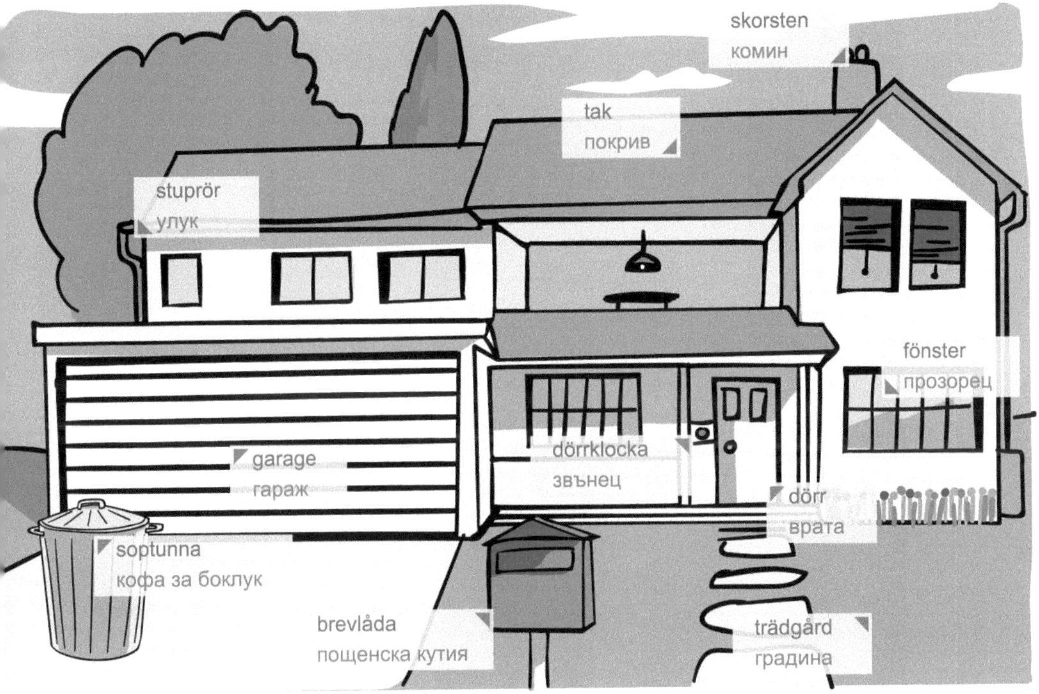

skorsten
комин
tak
покрив
stuprör
улук
fönster
прозорец
dörrklocka
звънец
garage
гараж
dörr
врата
soptunna
кофа за боклук
brevlåda
пощенска кутия
trädgård
градина

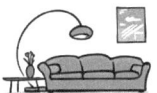

vardagsrum

всекидневна

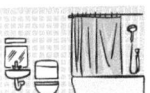

badrum

баня

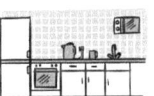

kök

кухня

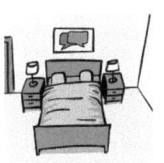

sovrum

спалня

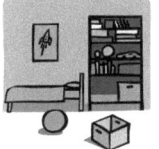

barnrum

детска стая

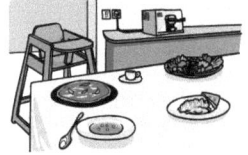

matsal

трапезария

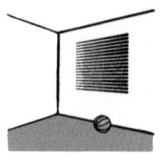

golv

под

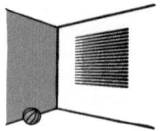

vägg

стена

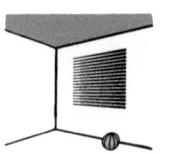

tak

таван

källare

изба

bastu

сауна

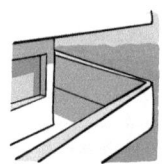

balkong

балкон

terrass

тераса

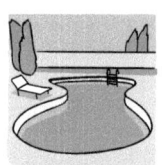

bassäng

плувен басейн

gräsklippare

косачка

lakan

спално бельо

överkast

покривка за легло

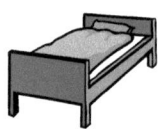

säng

легло

kvast

метла

hink

кофа

strömbrytare

електрически ключ

vardagsrum
всекидневна

tapet
тапет
bild
картина
lampa
лампа
hylla
рафт
skåp
шкаф
TV
телевизор
eldstad
камина
blomma
цвете
kudde
възглавница
soffa
канапе
vas
ваза
fjärrkontroll
дистанционно управление

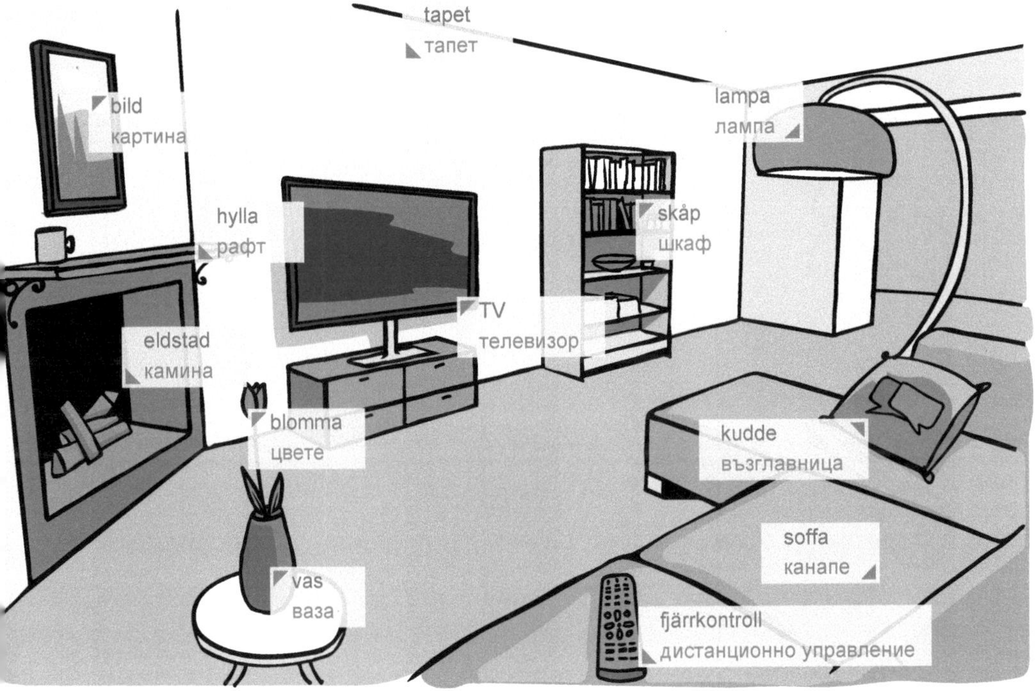

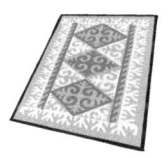

matta

килим

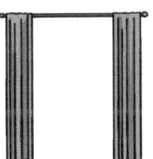

gardin

завеса

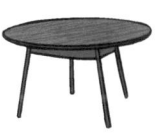

bord

маса

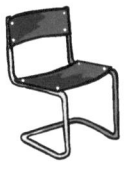

stol

стол

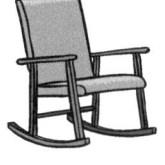

gungstol

люлеещ се стол

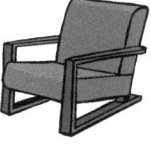

fåtölj

кресло

bok

книга

filt

одеяло

dekoration

декорация

vedträ

дърва за отопление

film

филм

stereoanläggning

стерео уредба

nyckel

ключ

dagstidning

вестник

målning

живопис

poster

постер

radio

радио

anteckningsbok

бележник

dammsugare

прахосмукачка

kaktus

кактус

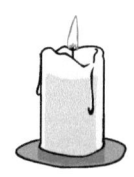

stearinljus

свещ

kök
кухня

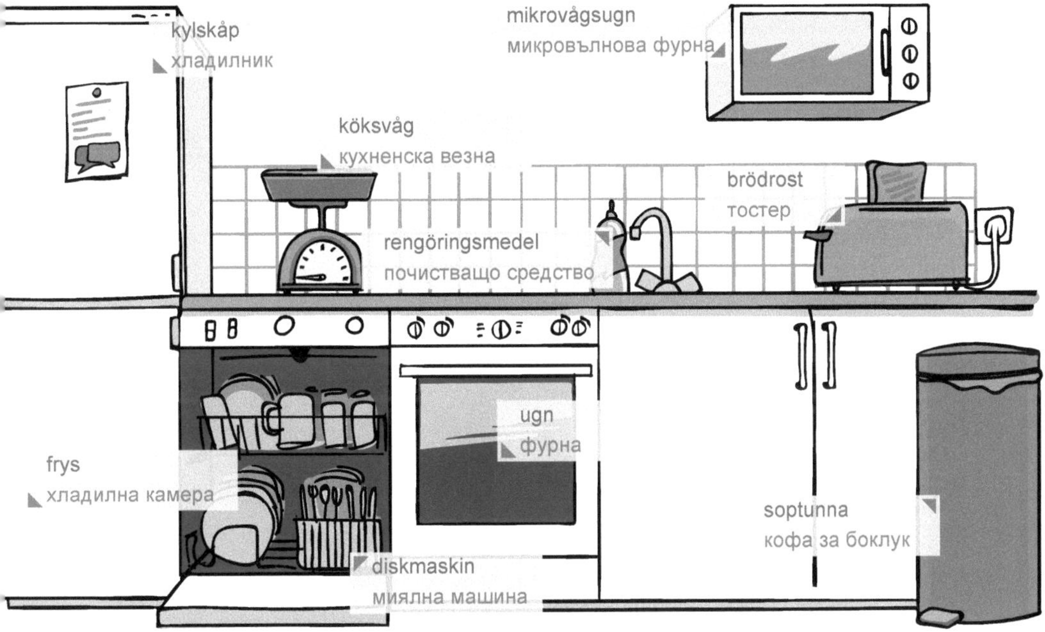

kylskåp
хладилник
mikrovågsugn
микровълнова фурна
köksvåg
кухненска везна
brödrost
тостер
rengöringsmedel
почистващо средство
ugn
фурна
frys
хладилна камера
soptunna
кофа за боклук
diskmaskin
миялна машина

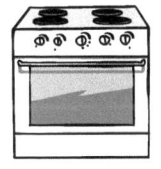

spis

готварска печка

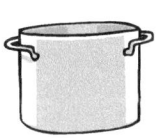

kastrull

тенджера

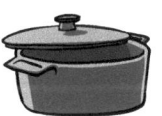

järngryta

желязна тенджера

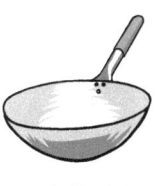

wok / kadai

уок / кадаи

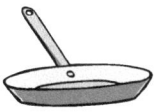

stekpanna

тиган

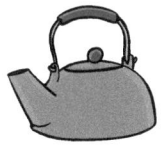

vattenkokare

кана за затопляне на вода

ångkokare

уред за готвене на пара

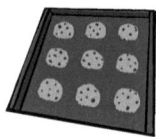

bakplåt

тава за печене

porslin

съдове

mugg

чаша

skål

купа

ätpinnar

клечки за хранене

soppslev

черпак

stekspade

лопатка за тиган

visp

тел за разбиване (на яйца, белтъци)

durkslag

кошница за варене

sil

гевгир

rivjärn

ренде

mortel

хаван

grill

барбекю

brasa

огнище

skärbräda

дъска

kavel

точилка

korkskruv

тирбушон

burk

кутия

burköppnare

отварачка за консерви

grytlapp

кухненска ръкохватка

vask

мивка

borste

четка

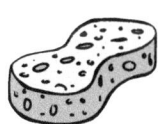

svamp

гъба

mixer

миксер

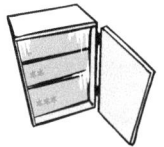

frys

фризер

nappflaska

бебешко шише

kran

воден кран

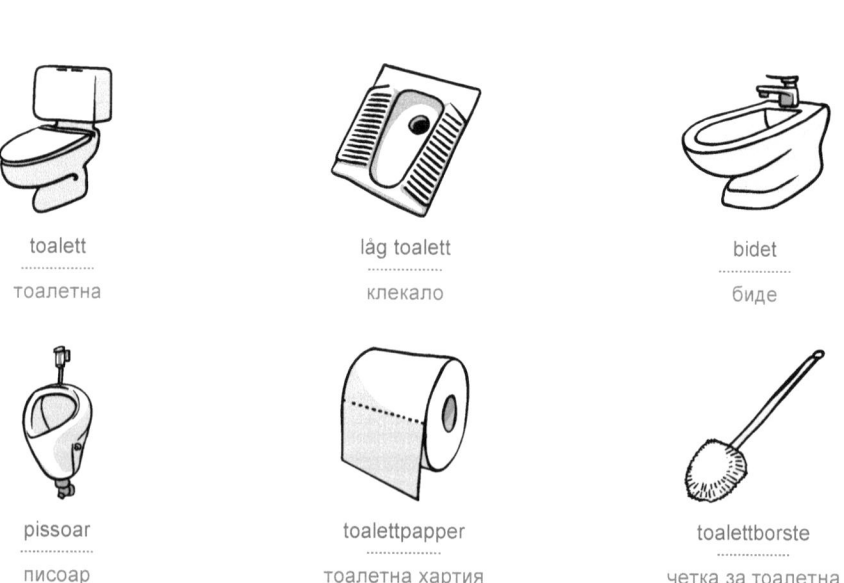

badrum

баня

värme
отопление
handduk
хавлиена кърпа
dusch
душ
duschdraperi
завеса за баня
bubbelbad
шампоан за вана
badkar
вана
glas
стъклена чаша
tvättmaskin
перална машина
kran
воден кран
kakel
плочки
potta
гърне
vask
мивка

toalett

тоалетна

låg toalett

клекало

bidet

биде

pissoar

писоар

toalettpapper

тоалетна хартия

toalettborste

четка за тоалетна

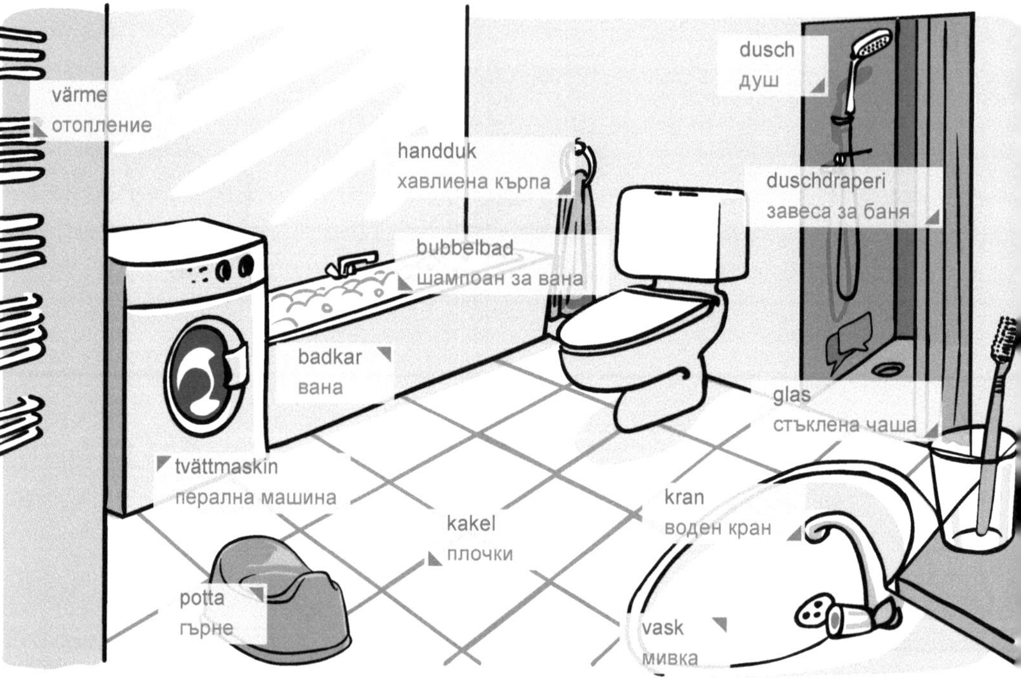

tandborste

четка за зъби

tandkräm

паста за зъби

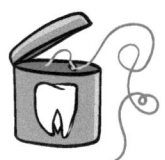

tandtråd

конец за зъби

tvätta

мия

handdusch

ръчен душ

intimdusch

интимен душ

handfat

леген

ryggborste

четка за гръб

tvål

сапун

duschgel

душ гел

schampo

шампоан за вана

trasa

гъба за баня

avlopp

сифон

crème

крем

deodorant

дезодорант

spegel

огледало

handspegel

козметично огледало

rakhyvel

ръчна самобръсначка

raklödder

пяна за бръснене

rakvatten

одеколон за след
бръснене

kam

гребен

borste

четка

hårtork

сешоар

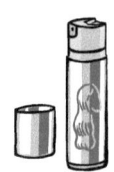

hårspray

спрей за коса

smink

грим

läppstift

червило

nagellack

лак за нокти

bomullsvadd

памук

nagelsax

ножица за нокти

parfym

парфюм

necessär

тоалетна чантичка

pall

табуретка

våg

везна

badrock

хавлия

gummihandskar

домакински ръкавици

tampong

тампон

binda

дамски преврзъки

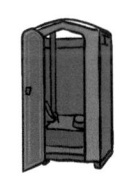

kemisk toalett

химическа тоалетна

barnrum
детска стая

väckarklocka
будилник
gosedjur
плюшена играчка
leksaksbil
автомобил играчка
skallra
дрънкалка
dockhus
къща за кукли
present
подарък

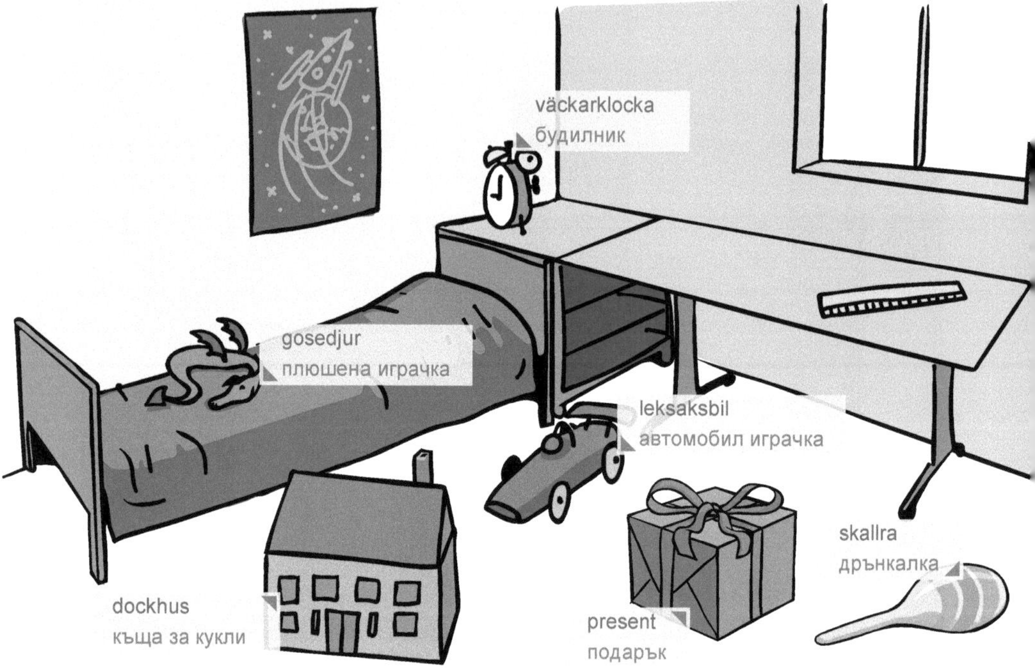

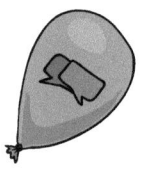

ballong

балон

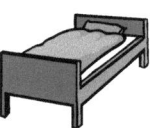

säng

легло

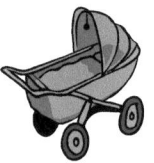

barnvagn

детска количка

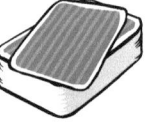

kortlek

игра на карти

pussel

пъзел

SUPER MEGA

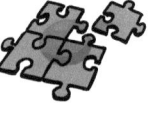

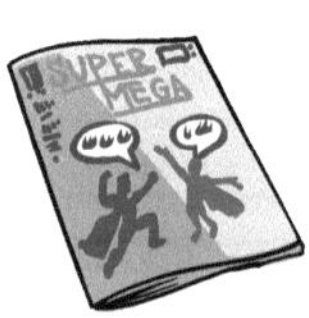

serietidning

комикс

legobitar

лего елементи

klossar

строителни елементи

actionfigur

екшън фигурка

sparkdräkt

бебешки гащеризон

frisbee

фрисби

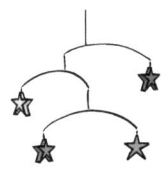

mobil

бебешки играчки за легло

brädspel

настолна игра

tärning

зарче

modelljärnväg

миниатюрно влакче

napp

биберон

party

парти

bilderbok

детска книга с илюстрации

boll

топка

docka

кукла

spela

играя

sandlåda

пясъчник

gunga

люлка

leksaker

играчка

spelkonsol

игрова конзола

trehjuling

велосипед с три колелета

nalle

плюшено мече

garderob

гардероб

kläder

облекло

sockar

къси чорапи

strumpor

дълги чорапи

tights

чорапогащник

halsduk
шал

paraply
чадър

t-shirt
Т-шърт

bälte
колан

stövlar
ботуши

tofflor
пантофи

sneakers
гуменки

sandaler
сандали

skor
обувки

gummistövlar
гумени ботуши

underbyxor
слип

BH
сутиен

linne
долна блуза

kläder - облекло

body

боди

byxor

панталон

jeans

дънки

kjol

пола

blus

блуза

skjorta

риза

pullover

пуловер

sweater

суичър

blazer

блейзър

jacka

яке

kappa

палто

regnjacka

дъждобран

dräkt

костюм

klänning

рокля

bröllopsklänning

булчинска рокля

kostym

костюм

nattlinne

нощница

pyjamas

пижама

sari

сари

slöja

кърпа за глава

turban

тюрбан

burka

бурка

kaftan

кафтан

abaya

абая

baddräkt

бански костюм

badbyxor

плувни шорти

shorts

къс панталон

träningsoverall

анцуг

förkläde

престилка

handskar

ръкавици

knapp

копче

glasögon

очила

armband

гривна

halsband

верижка

ring

пръстен

örhänge

обеца

mössa

каскет

galge

закачалка

hatt

шапка

slips

вратовръзка

dragkedja

цип

hjälm

каска

hängslen

тиранти

skoluniform

ученическа униформа

uniform

униформа

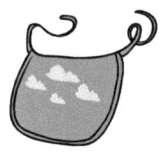

haklapp

лигавник

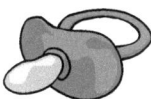

napp

биберон

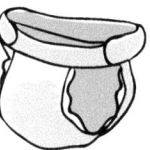

blöja

пелена

kontor

офис

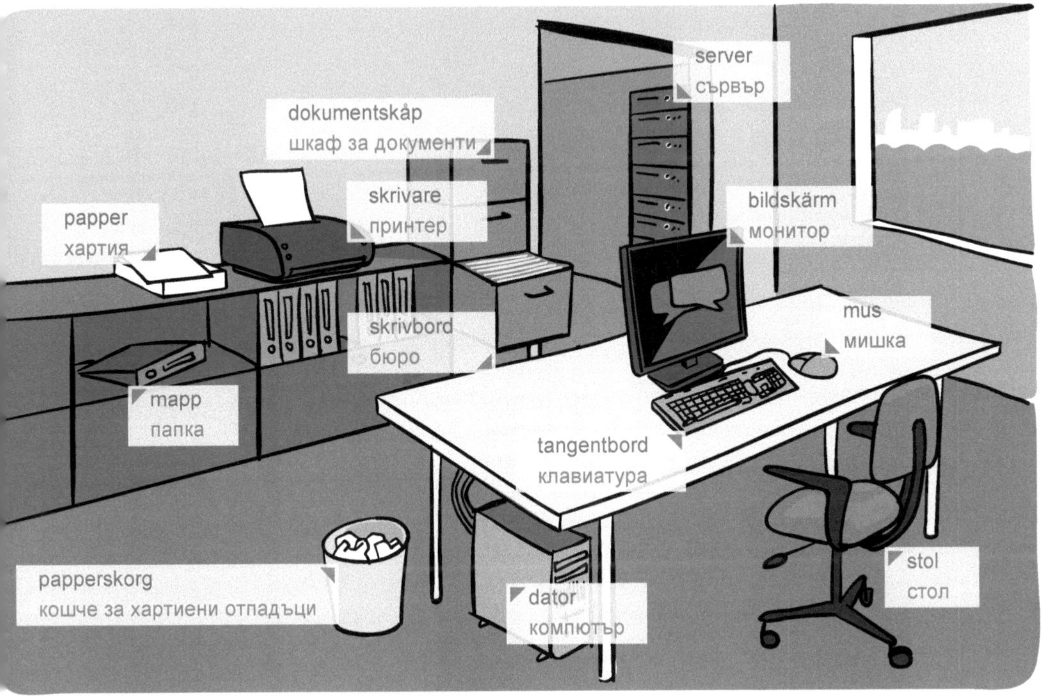
server
сървър
dokumentskåp
шкаф за документи
papper
хартия
skrivare
принтер
bildskärm
монитор
mus
мишка
skrivbord
бюро
mapp
папка
tangentbord
клавиатура
papperskorg
кошче за хартиени отпадъци
dator
компютър
stol
стол

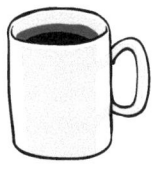

kaffemugg

чаша за кафе

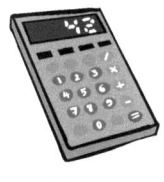

miniräknare

джобен калкулатор

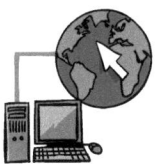

internet

интернет

bärbar dator

лаптоп

brev

писмо

meddelande

съобщение

mobiltelefon

мобилен телефон

nätverk

мрежа

kopieringsapparat

ксерокс

programvara

софтуер

telefon

телефон

vägguttag

контакт

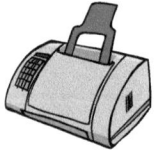

fax

факс

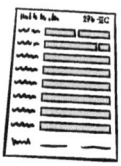

blankett

формуляр

dokument

документ

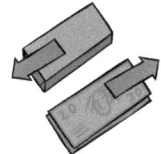

köpa

купувам

betala

плащам

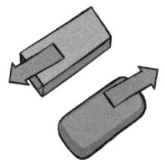

handla

търгувам

pengar

пари

 **USD**

dollar

долар

 **EUR**

euro

евро

 **JPY**

yen

йена

 **RUB**

rubel

рубла

 **CHF**

schweizisk franc

швейцарски франк

 **CNY**

renminbi yan

ренминби юан

 **INR**

rupie

рупия

bankomat

банкомат

växelkontor

обменно бюро

guld

злато

silver

сребро

olja

нефт

energi

енергия

pris

цена

kontrakt

договор

skatt

данък

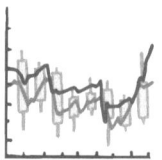

aktie

акция

arbeta

работя

anställd

служител

arbetsgivare

работодател

fabrik

фабрика

affär

магазин за цветя

yrken

професии

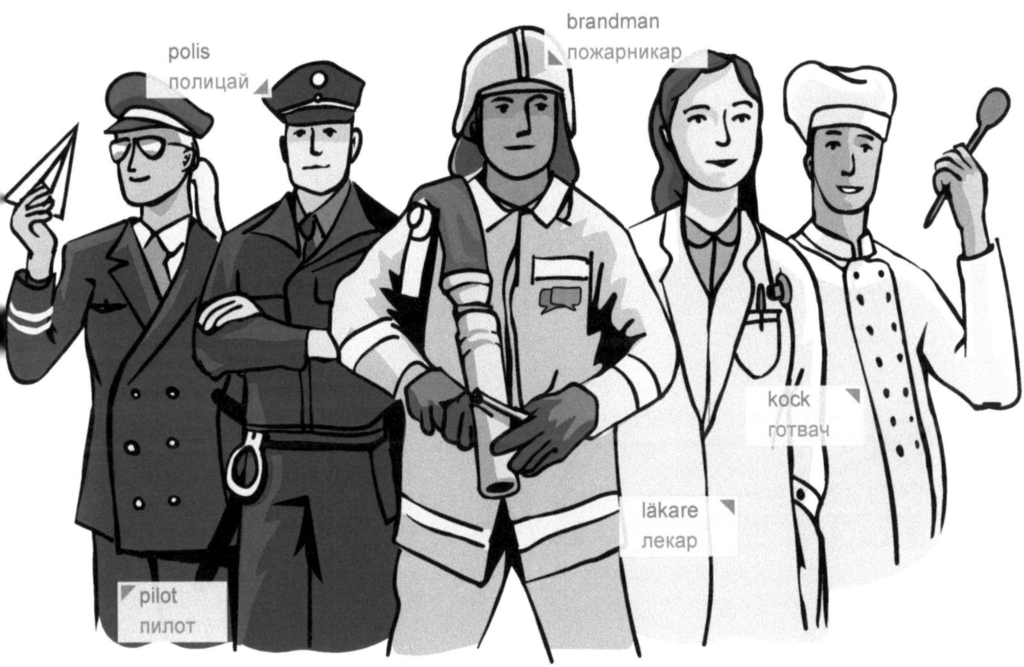

polis
полицай
brandman
пожарникар
kock
готвач
läkare
лекар
pilot
пилот

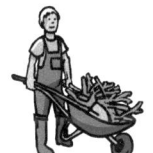

trädgårdsmästare

градинар

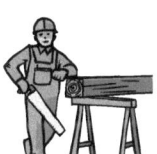

snickare

мебелист

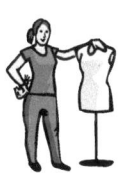

sömmerska

шивачка

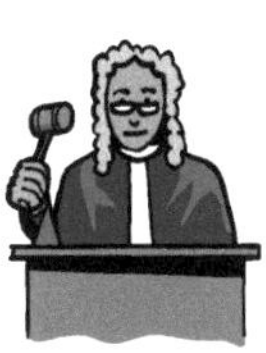

domare

съдия

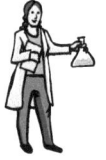

kemist

химик

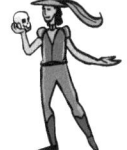

skådespelare

артист

busschaufför

шофьор на автобус

taxichaufför

шофьор на такси

fiskare

рибар

städerska

чистачка

takläggare

майстор на покриви

servitör

келнер

jägare

ловец

målare

художник

bagare

хлебар

elektriker

електротехник

byggarbetare

строителен работник

ingenjör

инженер

slaktare

касапин

rörmokare

тенекеджия

brevbärare

пощальон

soldat

войник

arkitekt

архитект

kassör

касиер

florist

цветар

frisör

фризьор

konduktör

кондуктор

mekaniker

механик

kapten

капитан

tandläkare

зъболекар

vetenskapsman

научен работник

rabbin

равин

imam

имàм

munk

монах

präst

свещеник

verktyg
инструменти

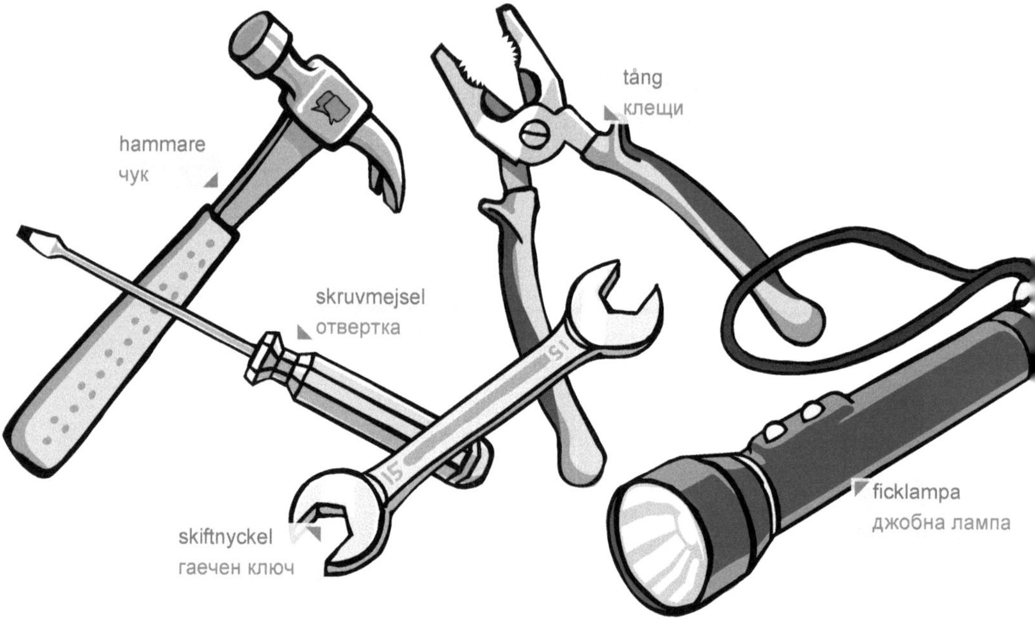
tång
клещи
hammare
чук
skruvmejsel
отвертка
ficklampa
джобна лампа
skiftnyckel
гаечен ключ

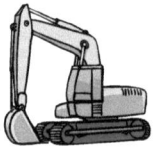

grävmaskin
багер

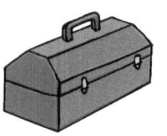

verktygslåda
кутия за инструменти

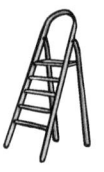

stege
стълба

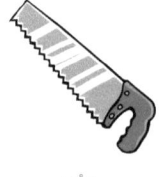

såg
трион

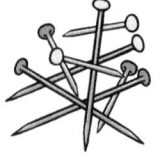

spik
пирони

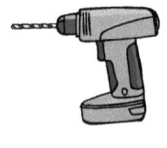

borr
бормашина

reparera

ремонтирам

spade

лопата

Helvete!

По дяволите!

sopskyffel

лопатка за смет

färgburk

кутия за боя

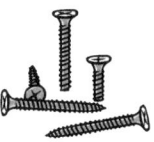

skruvar

болтове

musikinstrument

музикални инструменти

trummor
ударни инструменти

högtalare
високоговорител

gitarr
китара

kontrabas
контрабас

trumpet
тромпет

piano

пиано

violin

виолина

bas

контрабас

timpani

тимпан

trumma

барабан

keyboard

електрическо пиано

saxofon

саксофон

flöjt

флейта

mikrofon

микрофон

ZOO
зоологическа градина

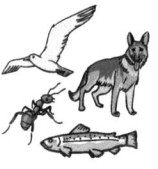

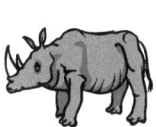

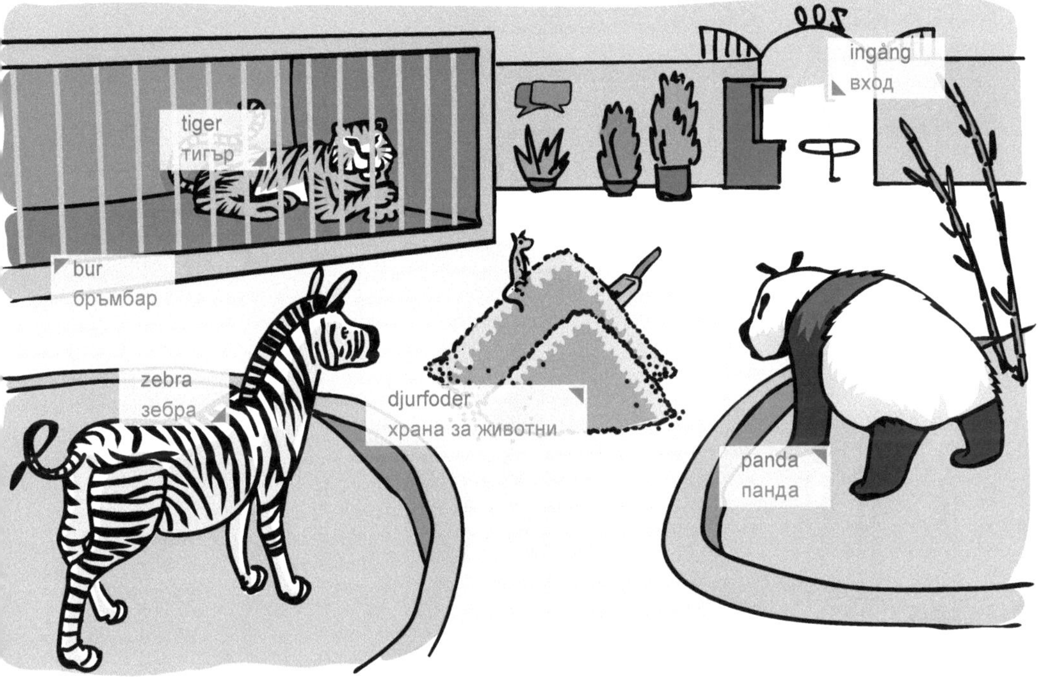

tiger
тигър
ingång
вход
bur
бръмбар
zebra
зебра
djurfoder
храна за животни
panda
панда

djur

животни

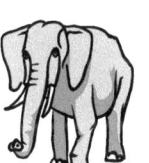

elefant

слон

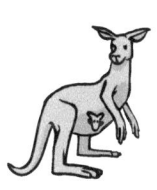

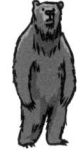

känguru

кенгуру

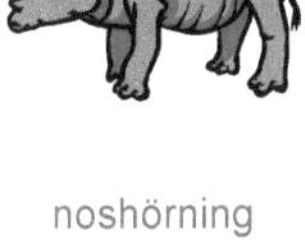

noshörning

носорог

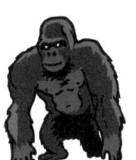

gorilla

горила

björn

мечка

kamel

камила

struts

щраус

lejon

лъв

apa

маймуна

flamingo

фламинго

papegoja

папагал

isbjörn

бяла мечка

pingvin

пингвин

haj

акула

påfågel

паун

orm

змия

krokodil

крокодил

djurskötare

пазач в зоологическа
градина

säl

тюлен

jaguar

ягуар

ponny

пони

leopard

леопард

flodhäst

хипопотам

giraff

жираф

örn

орел

vildsvin

диво прасе

fisk

риба

sköldpadda

костенурка

valross

морж

räv

лисица

gazell

газела

amerikansk fotboll
американски футбол

cykling
колоездене

tennis
тенис

basket
баскетбол

simning
плуване

boxning
бокс

ishockey
хокей на лед

fotboll
футбол

badminton
бадминтон

friidrott
лека атлетика

handboll
хандбал

skidåkning
ски бягане

polo
поло

skratta
смея се

hoppa
скачам

krama
прегръщам

gå
вървя

sjunga
пея

drömma
сънувам

be
моля се

kyssa
целувам

skriva
пиша

rita
рисувам

visa
показвам

skjuta
бутам

ge
давам

ta
взимам

hagel

имам

göra

правя

vara

съм

stå

стоя

springa

тичам

dra

дърпам

kasta

хвърлям

falla

падам

ligga

лежа

vänta

чакам

bära

нося

sitta

седя

klä på

обличам

sova

спя

vakna

събуждам се

se på

разглеждам

gråta

плача

smeka

милвам

kamma

реша се

prata

говоря

förstå

разбирам

fråga

питам

höra

слушам

dricka

пия

äta

ям

städa

разтребвам

älska

обичам

laga mat

готвя

köra

карам автомобил

flyga

летя

segla

плавам (с платна)

räkna

смятане

läsa

чета

lära sig

уча

arbeta

работя

gifta sig

женя се

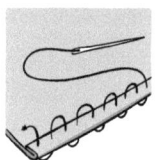

sy

шия

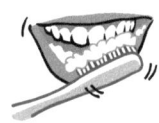

borsta tänderna

измивам си зъбите

döda

убивам

röka

пуша

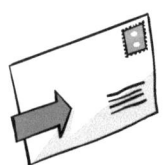

skicka

изпращам

mormor/farmor
баба

morfar/farfar
дядо

pappa
баща

mamma
майка

baby
бебе

dotter
дъщеря

son
син

gäst

посетител

moster/faster

леля

farbror/morbror

чичо

bror

брат

syster

сестра

kropp

тяло

panna
чело
öga
око
skuldra
рамо
finger
пръст
ansikte
лице
haka
брадичка
hand
ръка
bröst
гърди
ben
крак
arm
ръка

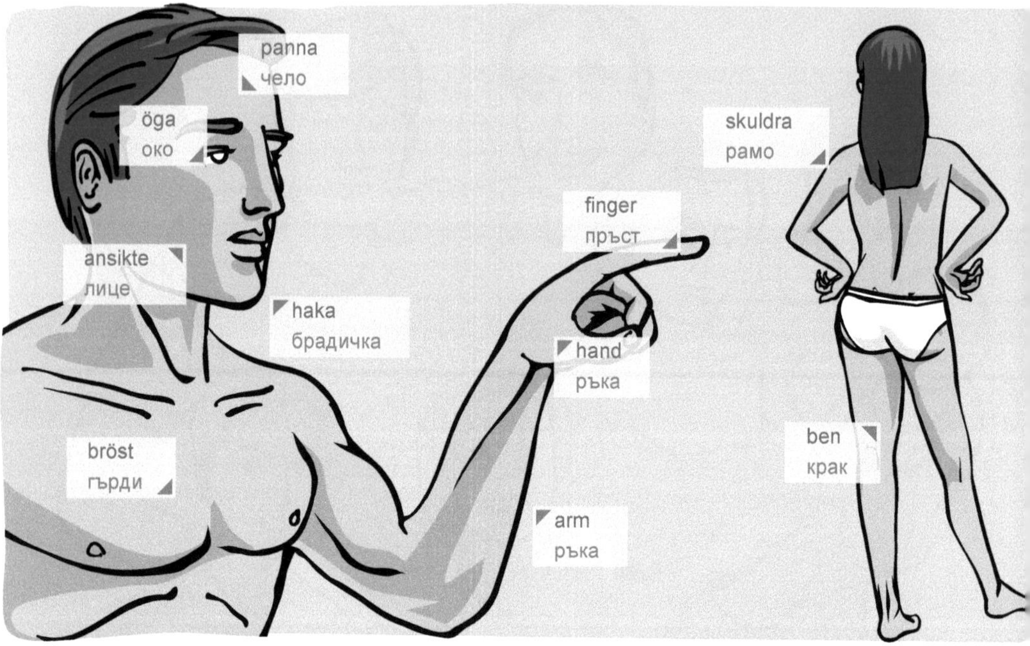

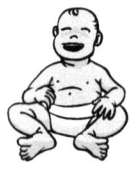

baby
бебе

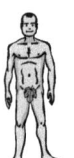

man
мъж

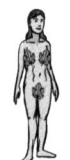

kvinna
жена

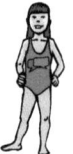

flicka
момиче

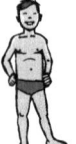

pojke
момче

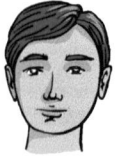

huvud
глава

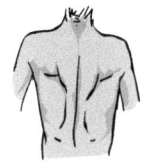

rygg

гръб

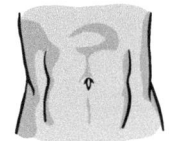

mage

корем

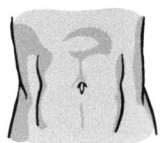

navel

пъп

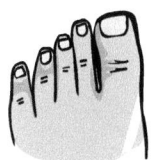

tå

пръст на крака

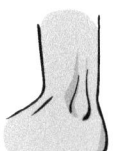

häl

пета

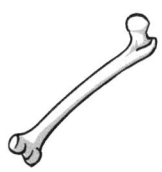

ben

кост

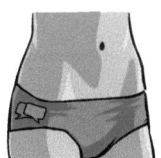

höft

хълбок

knä

коляно

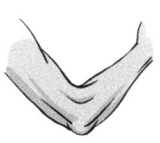

armbåge

лакът

näsa

нос

stjärt

седалище

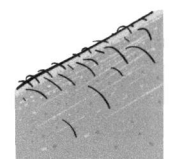

hud

кожа

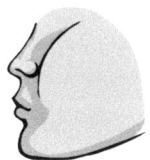

kind

буза

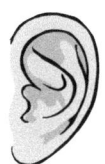

öra

ухо

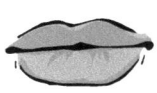

läpp

устна

mun
уста

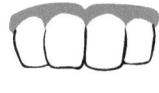

tand
зъб

tunga
език

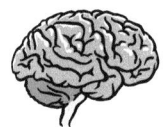

hjärna
мозък

hjärta
сърце

muskel
мускул

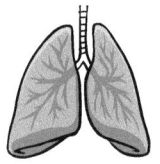

lunga
бял дроб

lever
черен дроб

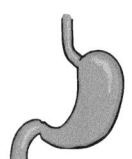

magsäck
стомах

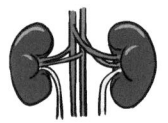

njurar
бъбреци

sex
полово сношение

kondom
кондом

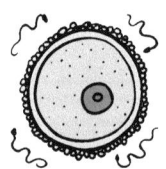

äggcell
яйцеклетка

sperma
сперма

graviditet
бременност

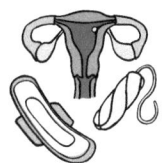

menstruation

менструация

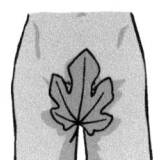

vagina

вагина

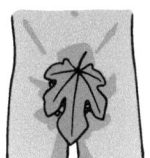

penis

пенис

ögonbryn

вежда

hår

коса

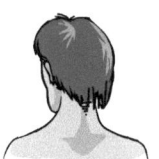

nacke

шия

sjukhus
болница

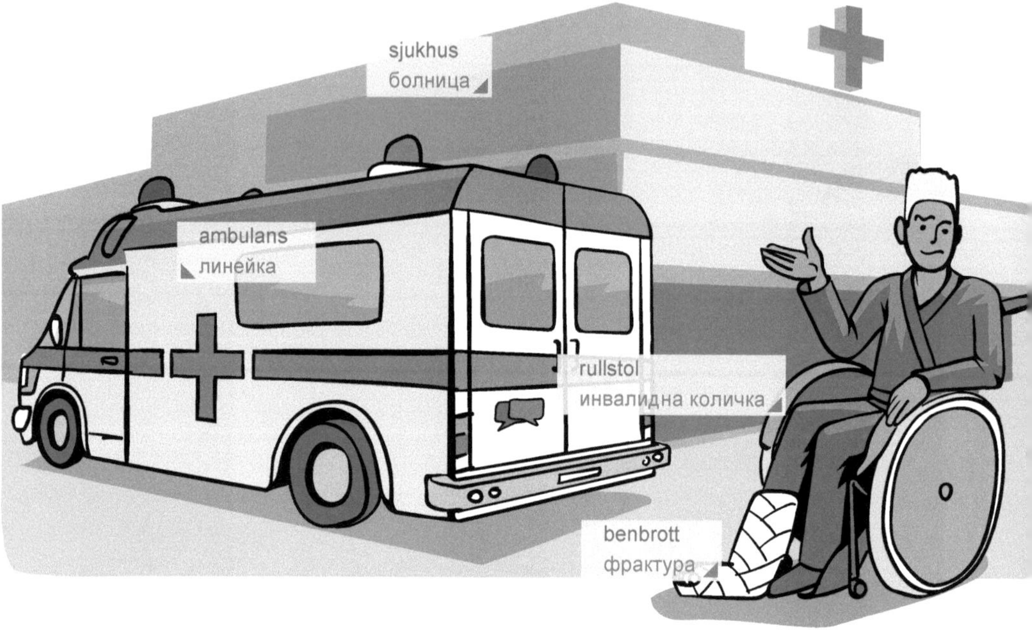

sjukhus
болница
ambulans
линейка
rullstol
инвалидна количка
benbrott
фрактура

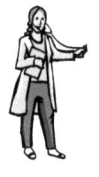

läkare

лекар

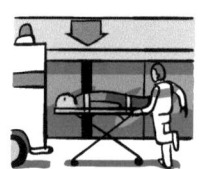

akutmottagning

спешна хоспитализация

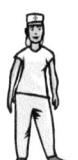

sjuksköterska

медицинска сестра

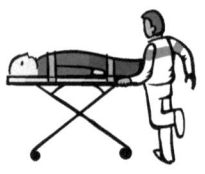

nödsituation

спешен случай

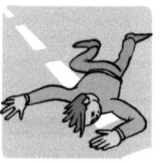

medvetslös

в безсъзнание

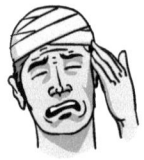

smärta

болка

skada

нараняване

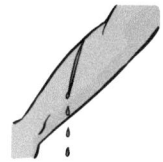

blödning

кървене

hjärtattack

инфаркт

slaganfall

инсулт

allergi

алергия

hosta

кашлица

feber

температура

influensa

грип

diarré

диария

huvudvärk

главоболие

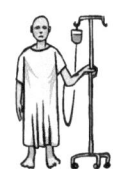

cancer

рак

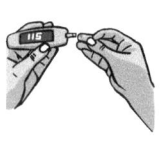

diabetes

диабет

kirurg

хирург

skalpell

скалпел

operation

операция

sjukhus - болница

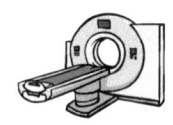

CT
компютърна томография

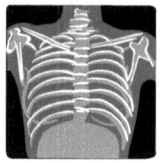

röntgen
рентген

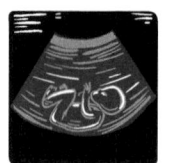

ultraljud
ултразвук

ansiktsmask
маска

sjukdom
болест

väntsal
чакалня

krycka
патерица

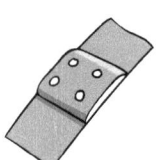

plåster
пластир

bandage
превръзка

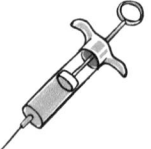

injektion
инжекция

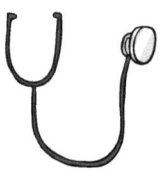

stetoskop
стетоскоп

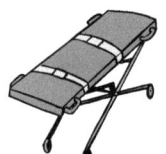

bår
носилка

termometer
термометър

födsel
раждане

övervikt
наднормено тегло

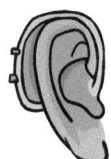

hörapparat

слухов апарат

desinfektionsmedel

дезинфекционно средство

infektion

инфекция

virus

вирус

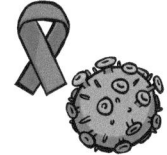

HIV / AIDS

HIV / AIDS

medicin

медицина

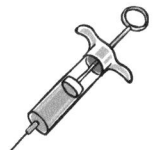

vaccination

ваксинация

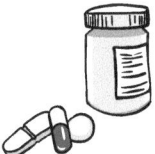

tabletter

таблети

p-piller

противозачатъчна таблетка

nödsamtal

спешно телефонно обаждане

blodtrycksmätare

апарат за измерване на кръвното налягане

sjuk / frisk

болен / здрав

Hjälp!

Помощ!

alarm

сигнал за тревога

överfall

нападение

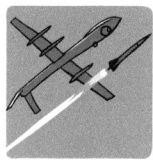

misshandel

атака

fara

опасност

nödutgång

аварien изход

Det brinner!

Пожар!

brandsläckare

пожарогасител

olycka

злополука

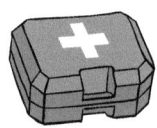

förbandslåda

комплект за оказване на
първа помощ

SOS

SOS

polis

полиция

Europa

Европа

Nordamerika

Северна Америка

Sydamerika

Южна Америка

Afrika

Африка

Asien

Азия

Australien

Австралия

Atlanten

Атлантически океан

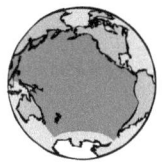

Stilla Havet

Тихи океан

Indiska Oceanen

Индийски океан

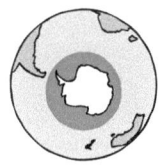

Antarktiska Oceanen

Южен ледовит океан

Arktiska Oceanen

Северен ледовит океан

Nordpol

Северен полюс

Sydpol

Южен полюс

Antarktis

Антарктида

Jorden

Земя

land

суша

hav

море

ö

остров

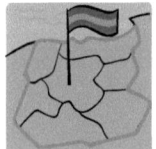

nation

нация

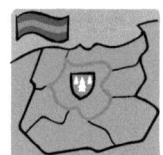

stat

държава

urtavla

циферблат

timvisare

стрелка на часовете

minutvisare

стрелка на минутите

sekundvisare

стрелка на секундите

Vad är klockan?

Колко е часът?

dag

ден

tid

време

nu

сега

digital klocka

дигитален часовник

minut

минута

timme

час

vecka

седмица

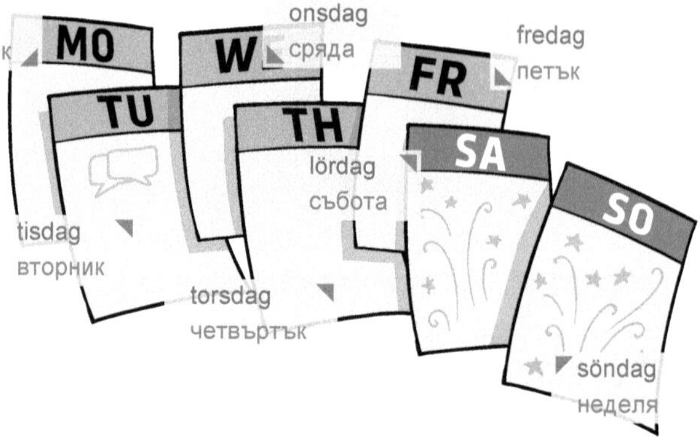

måndag
понеделник
MO
onsdag
сряда
W
fredag
петък
FR
TU
TH
lördag
събота
SA
SO
tisdag
вторник
torsdag
четвъртък
söndag
неделя

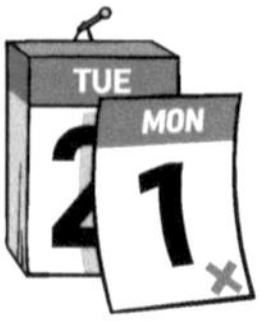

TUE
MON
2
1

igår

вчера

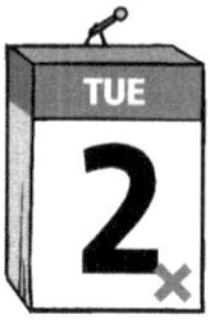

TUE
2

idag

днес

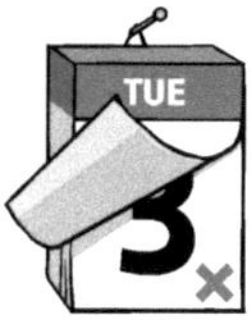

TUE
3

imorgon

утре

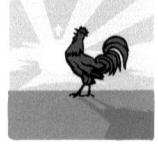

morgon

сутрин

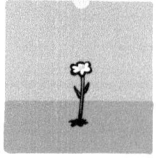

middag

обед

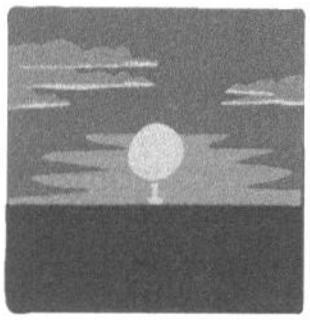

kväll

вечер

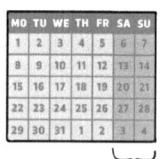

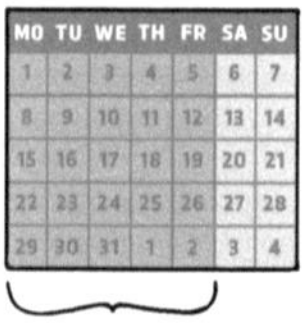

MO TU WE TH FR SA SU

vardagar

работни дни

MO TU WE TH FR SA SU

helg

уикенд

regnbåge
дъга

regn
дъжд

snö
сняг

vind
вятър

vår
пролет

höst
есен

sommar
лято

vinter
зима

4.APRIL	11°	☀
5.APRIL	4°	🌧
6.APRIL	13°	⛈
7.APRIL	8°	❄
8.APRIL	10°	☀

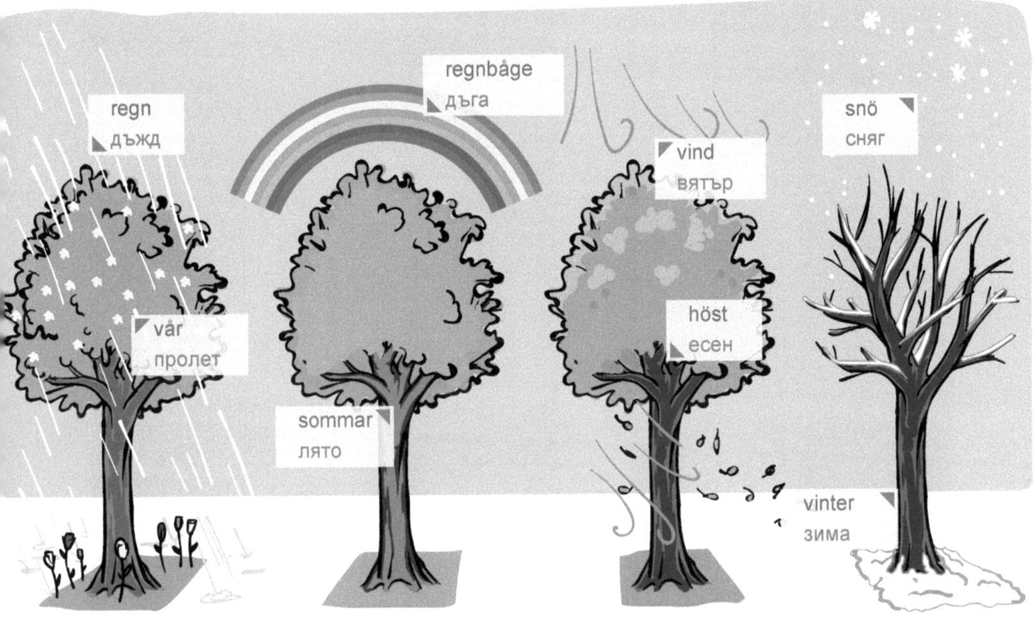

väderprognos

прогноза за времето

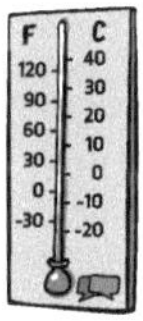

termometer

термометър

solsken

слънчева светлина

moln

облак

dimma

мъгла

luftfuktighet

влажност на въздуха

blixt

светкавица

åska

гръмотевица

storm

буря

hagel

градушка

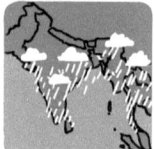

monsun

мусон

översvämning

наводнение

is

лед

januari

януари

februari

февруари

mars

март

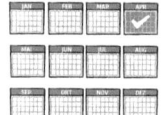

april

април

maj

май

juni

юни

juli

юли

augusti

август

år - година

september
....
септември

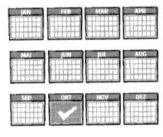

oktober
....
октомври

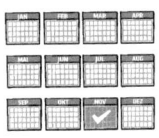

november
....
ноември

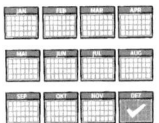

december
....
декември

форми

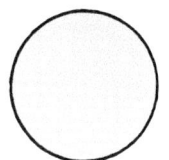

cirkel
....
кръг

kvadrat
....
квадрат

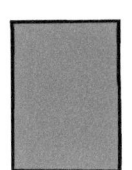

rektangel
....
четириъгълник

triangel
....
триъгълник

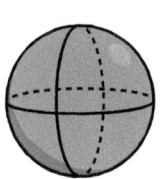

sfär
....
сфера

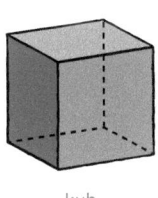

kub
....
куб

vit

бял

gul

жълт

orange

оранжев

rosa

розов

röd

червен

lila

лилав

blå

син

grön

зелен

brun

кафяв

grå

сив

svart

черен

mycket / lite

много / малко

arg / lugn

ядосан / спокоен

vacker / ful

красив / грозен

början / slut

начало / край

stor / liten

голям / малък

ljus / mörk

. светъл / тъмен

bror / syster

брат / сестра

ren / smutsig

чист / мръсен

komplett / ofullständig

пълен / непълен

dag / natt

ден / нощ

död / levande

мъртъв / жив

bred / smal

широк / тесен

ätlig / oätlig

ядлив / неядлив

ond / god

сърдит / любезен

upphetsad / uttråkad

развълнуван / скучаещ

tjock / smal

дебел / тънък

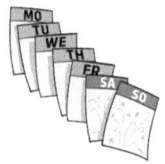

först / sist

най-напред / най-накрая

vän / fiende

приятел / враг

full / tom

пълен / празен

hård / mjuk

твърд / мек

tung / lätt

тежък / лек

hunger / törst

глад / жажда

sjuk / frisk

болен / здрав

olaglig / laglig

нелегален / легален

intelligent / dum

интелигентен / глупав

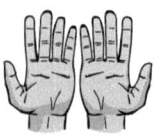

vänster / höger

ляво / дясно

nära / långt bort

близо / далече

ny / begagnad

нов / употребяван

inget / något

нищо / нещо

gammal / ung

стар / млад

på / av

вкл. / изкл.

öppen / stängd

отворен / затворен

tyst / högljudd

тих / силен (звук)

rik / fattig

богат / беден

rätt / fel

правилен / погрешен

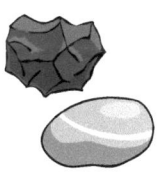

grov / slät

грапав / гладък

ledsen / glad

тъжен / щастлив

kort / lång

дълъг / къс

långsam / snabb

бавен / бърз

våt / torr

мокър / сух

varm / sval

топъл / студен

krig / fred

война / мир

0	**1**	**2**
noll	ett	två
нула	едно	две

3	**4**	**5**
tre	fyra	fem
три	четири	пет

6	**7**	**8**
sex	sju	åtta
шест	седем	осем

9	**10**	**11**
nio	tio	elva
девет	десет	единадесет

12

tolv

дванадесет

13

tretton

тринадесет

14

fjorton

четиринадесет

15

femton

петнадесет

16

sexton

шестнадесет

17

sjutton

седемнадесет

18

arton

осемнадесет

19

nitton

деветнадесет

20

tjugo

двадесет

100

hundra

сто

1.000

tusen

хиляда

1.000.000

miljon

милион

siffror - числа

engelska

английски

amerikansk engelska

американски английски

kinesisk mandarin

китайски мандарин

hindi

хинди

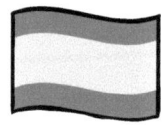

spanska

испански

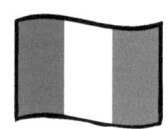

franska

френски

arabiska

арабски

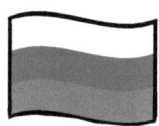

ryska

руски

portugisiska

португалски

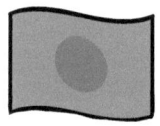

bengali

бенгалски

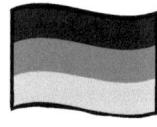

tyska

немски

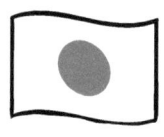

japanska

японски

jag

аз

du

ти

han / hon / den (det)

той / тя / то

vi

ние

ni

вие

de

те

vem?

кой?

vad?

какво?

hur?

как?

var?

къде?

när?

кога?

namn

име

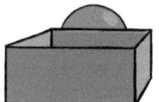

bakom

зад

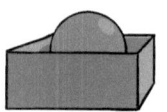

i

в

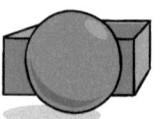

framför

пред

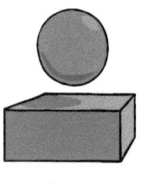

över

над

på

върху

under

под

bredvid

до

mellan

между

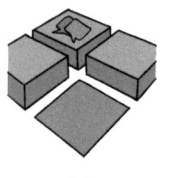

plats

място